BEI GRIN MACHT SICH IHR WISSEN BEZAHLT

- Wir veröffentlichen Ihre Hausarbeit,
  Bachelor- und Masterarbeit

- Ihr eigenes eBook und Buch -
  weltweit in allen wichtigen Shops

- Verdienen Sie an jedem Verkauf

Jetzt bei www.GRIN.com hochladen und kostenlos publizieren

Bibliografische Information der Deutschen Nationalbibliothek:

Die Deutsche Bibliothek verzeichnet diese Publikation in der Deutschen National-
bibliografie; detaillierte bibliografische Daten sind im Internet über http://dnb.d-
nb.de/ abrufbar.

Impressum:

Copyright © 2012 GRIN Verlag, Open Publishing GmbH
Druck und Bindung: Books on Demand GmbH, Norderstedt Germany
ISBN: 9783668258662

Dieses Buch bei GRIN:

http://www.grin.com/de/e-book/336136/ingredient-branding-als-strategie-zum-
aufbau-einer-marke-vor-und-nachteile

Frederik Küster

Ingredient Branding als Strategie zum Aufbau einer Marke. Vor- und Nachteile für Automobilzulieferer

GRIN Verlag

GRIN - Your knowledge has value

Der GRIN Verlag publiziert seit 1998 wissenschaftliche Arbeiten von Studenten, Hochschullehrern und anderen Akademikern als eBook und gedrucktes Buch. Die Verlagswebsite www.grin.com ist die ideale Plattform zur Veröffentlichung von Hausarbeiten, Abschlussarbeiten, wissenschaftlichen Aufsätzen, Dissertationen und Fachbüchern.

Besuchen Sie uns im Internet:

http://www.grin.com/

http://www.facebook.com/grincom

http://www.twitter.com/grin_com

Private Fachhochschule Göttingen

Strategien des Ingredient Branding am Beispiel von Automobilzulieferern

Frederik Küster

Hausarbeit im Bereich Marketing

Inhaltsverzeichnis

1 Einleitung

Das Besitzen und Pflegen einer Marke bzw. eines oder mehrerer Markenprodukte ist in den letzten Jahren für Unternehmen im Konsumgüterbereich immer wichtiger geworden. Da sich diese Unternehmen mit einem Markt konfrontiert sehen, auf dem sehr ähnliche Produkte verkauft werden und die Kunden nicht das Interesse haben alle Informationen über die Produkte einzuholen und auszuwerten.[1]

Die Idee, eine Marke in der Marke zu betreiben, also das sogenannte Ingredient Branding, ist nicht erst in den letzten zwanzig Jahren aufgekommen, sondern wurde bereits Anfang des 20. Jahrhunderts von Unternehmen angewandt um sich in einem Markt mit leicht substituierbaren Gütern herauszustellen und damit beim Kunden als etwas ausgefallen in Erinnerung zu bleiben und sich so einen dauerhaften Wettbewerbsvorteil zu sichern.[2] Ähnlichen Problemen sahen sich auch die Zulieferer der Automobilhersteller gegenüber. Die Nachfrage nach Autos in den Industriestaaten ist gesättigt und es kam immer häufiger zu Verlagerungen der Produktionsstandorte ins Ausland um Kosten zu senken und weiter wettbewerbsfähig zu sein. In dieser Situation kamen einige wenige Zulieferer auf die Idee, eine Marke für ihr Unternehmen zu etablieren und damit ihren Marktanteil zu bewahren.[3]

Der erste Teil dieser Hausarbeit wird sich zunächst mit dem Thema Branding allgemein beschäftigen und darstellen, wie es zum heutigen Markenmanagement gekommen ist und welche Formen dieses angenommen hat. Der erste Abschnitt der Hausarbeit wird dann damit enden, dass kurz die Vorteile einer guten Markenpolitik für Unternehmen und Kunden dargestellt werden. Der zweite Teil wird sich dann mit dem Irgendient Branding befassen. Dabei wird zuerst einmal dargestellt, was diese besondere Form des Branding ausmacht. Dann wird darauf eingegangen wieso diese Form für Unternehmen sehr entscheidend sein kann. Abschließend wird noch an Hand von zwei Beispielen aus der Praxis dargestellt, wie das Ingredient Branding bei Zulieferern aus der Automobilindustrie abgelaufen ist und welche Auswirkungen es für diese Unternehmen hatte. Am Ende soll in einem kurzen Fazit versucht werden, festzustellen ob diese Art des Branding sich in den nächsten Jahren noch stärker etablieren wird.

---

[1] Vgl. Davis, M., (Grundlagen des Brandings, 2009), S. 46f. und Scharf, A., Schubert, B., Hehn, P., (Marketing, 2009), S. 254f.
[2] Vgl. Pförtsch, W., Müller, I., (Die Marke in der Marke, 2006), 44f.
[3] Vgl. Pierbattisti, S., (Die Bedeutung der Markenpolitik, 2005), S. 3.

2 Branding

Bereits vor tausenden von Jahren wurden Produkte markiert um dem Käufer zu zeigen, wer der Hersteller ist und ihm eine gewisse Sicherheit über die Qualität und die Echtheit der Ware zu garantieren. [4] Zu dem kam vor einigen hundert Jahren noch die Idee dazu, dass man sich durch eine Markierung von Anderen abheben konnte, die dasselbe Produkt verkauften. Die Möglichkeiten, die einer Firma heute zur Verfügung stehen um ihre Marke zu definieren, werden als Branding bezeichnet. [5]

2.1 Entwicklung des Branding

Durch die Industrielle Revolution kam es zu einem Wandel auf dem Markt. Vor der Revolution herrschte ein Anbietermarkt, d.h., dass es nicht genug Produkte gab um die Bedürfnisse der Kunden zu befriedigen. Daher mussten sich die Anbieter auch nicht darum bemühen ihre Kunden an sich zu binden oder sie durch besondere Angebote anzulocken. [6] Nach der Revolution änderte sich das Verhältnis zu Gunsten der Nachfrager, da durch neue technische Prozesse die Menge der angebotenen Waren größer wurde als die Nachfrage und somit der Kunde entscheiden konnte, von wem er seine Produkte erwerben wollte. Dadurch wurden die Hersteller gezwungen in Kontakt mit dem Endkonsumenten zu treten um ihn an sich zu binden. [7] Aus diesem Zwang heraus wurden die ersten Herstellermarken entwickelt, wie sie auch heute noch bestehen. Davor existieren schon die sogenannten Hausmarken, dessen Sinn ich oben bereits dargestellt habe, diese sind allerdings heute nur noch in der Gastronomie von Bewandtnis. In Konkurrenz zu den Markenartikeln der Industrie entwickelte der Handel sogenannte Eigenmarken, durch die dieser eine gewisse Selbstständigkeit von den Herstellern gewann. [8] Diese Eigenmarken waren ursprünglich sehr einfach gehalten, was z.B. ihre Verpackung anging. Allerdings sind diese Marken heute von der Qualität mit fast jedem Markenartikel vergleichbar. Bei den Markenartikeln der Industrie bildeten sich über die Zeit drei mögliche Formen von Vermarktungsstrategien aus. Die erste Strategie ist die der Individualmarke, dabei werden innerhalb des Konzerns die Produkte alle als einzelne Marke beworben. Dies hat den Vorteil, dass Vermarktungsaktivitäten besser auf das Produkt zugeschnitten werden können, allerdings sind damit auch höhere Kosten verbunden. Die zweite Strategie ist die der

---

[4] Vgl. Herbst, D., (Der Mensch als Marke, 2011) S. 29ff.
[5] Vgl. Scharf, A., Schubert, B., Hehn, P., (Marketing, 2009) S. 278.
[6] Vgl. Hübsch, R. (Marketing Eine Einführung), http://www.abc-marketingpraxis.ch/files/upload/pdf_fachpersonen/Script_Marketing_Modul_1.pdf, 17.06.2012.
[7] Vgl. Herbst, D. (Der Mensch als Marke, 2011) S. 30.
[8] Vgl. Herbst, D., (Der Mensch als Marke, 2011) S. 31.

Familienmarken. Dabei werden unter einem Markennamen verschiedene Produkte verkauft, die aber meistens zu einer ähnlichen Produktgruppe gehören. Bei dieser Strategie können Werbeaktivitäten von mehreren Produkten getragen werden und so schlechtere Kampagne besser abgefangen werden. Die letzte Strategie ist die der sogenannten Dachmarken oder auch Corporate Brands, hierbei werden alle Produkte des Unternehmens unter einer Marken vertrieben. Dies macht vor allem für Unternehmen Sinn, die viele Produkte anbieten und deren Zielgruppen relativ homogen sind. [9] Die Strategie der Dachmarke und auch in gewisser Weise die der Familienmarke hat den Vorteil, dass durch den bereits etablieren Namen der Marke neue Produkte eingeführt werden können, die der Kunde besser aufnimmt, da ihm die Marke positiv in Erinnerung ist.[10]

2.2 Branding-Strategien zum Aufbau einer Marke

Bevor ein Branding bzw. eine Markengestaltung statt finden kann muss das Unternehmen Informationen über den Markt und die Zielgruppe der Marke sammeln. Dies geschieht in der Regel durch Marktforschung kann aber auch gestützt werden durch Informationen, die das Unternehmen von seinen bestehenden Kunden erhält oder die Mitarbeiter während ihrer Arbeit sammeln.[11] Nach diesem Schritt muss das Unternehmen entscheiden, welche von den zuvor genannten Strategien die Beste ist um ihre Produkte zu vertreiben. Danach muss die Marke gestaltet werden, dass heißt es müssen Eigenschaften festgelegt werden, die der Endkunde wahrnehmen kann.[12] Die wichtigsten Eigenschaften dabei sind der Name der Marke und das Logo mit dem die Marke auftritt, allerdings kann auch eine typische Verpackung zur Stärkung der Marke beitragen. Der Name ist daher wichtig, da er positive Eigenschaften des Unternehmens darstellen kann. Diese können dem Kunden einfallen, wenn er vor der Entscheidung steht ein Produkt zu kaufen und je stärker und einprägsam der Name ist, desto einfach fällt dem Kunden die Entscheidung.[13]Bei der Wahl des Logos stehen Unternehmen vor der Entscheidung ob sie sich für ein Bild- oder eine Schriftlogo entscheiden um ihre Marke zu repräsentieren. Ein konkretes Bildlogo, welches einen Bezug zum Produkt herstellt, hat den Vorteil, dass es vom Kunden schneller wieder erkannt wird und die richtigen Assoziationen entstehen.[14] Eine weiterer wichtiger Bestandteil einer Marke kann der Werbeslogan sein, da dieser wesentlich mitbestimmt,

[9] Vgl. Scharf, A., Schubert, B., Hehn, P., (Marketing, 2009) S. 257ff. und Davis, M., (Grundlagen des Brandings 2009) S. 44ff.
[10] Vgl. Davis, M., (Grundlagen des Brandings, 2009) S. 46f.
[11] Vgl. Davis, M., (Grundlagen des Brandings, 2009) S. 26.
[12] Vgl. Scharf, A., Schubert, B., Hehn, P., (Marketing, 2009) S. 269.
[13] Akker, A. D., (Strategisches Marktmanagement, 1989) S. 213.
[14] Vgl. Scharf, A., Schubert, B., Hehn, P., (Marketing, 2009) S. 280ff.

wie gut sich eine Firma im Kopf des Kunden „einbrennen" kann.[15] Je besser diese drei Punkte der Marke aufeinander abgestimmt sind und sich gegenseitig unterstützen, desto erfolgreicher wird die Marke voraussichtlich am Markt sein. Sind diese Entscheidungen gefällt, dann ist die Markenidentität entschieden, diese kann allerdings von der subjektiven Wahrnehmung des Kunden abweichen. Die Wahrnehmung des Kunden wird auch als Markenimage bezeichnet.[16] Die Wahrnehmung des Kunden wird stark dadurch beeinflusst, welchen Nutzen ihm das Produkt verspricht oder welchen er sich von dem Produkt erwartet. Nutzen lässt sich dabei einerseits aus einer praktischen Sicht sehen, also was das Produkt an Nutzen im täglichen Leben liefert. Allerdings ist bei Marken auch die emotionale Sicht wichtig, da viele Produkte mittlerweile nicht mehr nur wegen ihres Verwendungszweckes gekauft werden sondern es auch darum geht, einen bestimmten Lebensstil zu zeigen oder zu einer bestimmten sozialen Gruppe zugehören.[17] Das beste Beispiel für so eine Marke, die in erster Linie nicht wegen des praktischen Nutzens gekauft wird sondern als Statussymbol, ist Apple. Dieses Phänomen erstreckt sich über die gesamte Produktpalette bei Apple. Somit ist eine der wichtigsten Aufgaben des Herstellers, die Marke mit Attributen zu versehen, die den Nutzen repräsentieren. Diese Attribute müssen dem Kunden dann nahe gebracht werden. Dies gelingt über eine Werbekampagne. Wenn der Konzern seine Marke global aufstellen will, ist es wichtig die Werbung nicht als eine Kampagne für alle Länder zu sehen. Die Maßnahmen sollten an jedes Land anzupassen werden, da die Länder sehr verschieden sind, was ihre Reaktion auf bestimmte Werbungen angeht. [18]

Nachdem die Marke gestaltete ist und ihre Identität feststeht, muss das Unternehmen die Marke auf dem Markt möglichst so positionieren, dass sie dauerhaft einen Wettbewerbsvorteil hat und sich von der Konkurrenz positiv abgrenzen kann. Eine gute Marktpositionierung liegt vor, wenn der Kunde bei der Überlegung, sich ein Produkt dieser Marke zu erwerben als erstes an ein Produkt dieses Unternehmens denkt und seine Kaufentscheidung eigentlich schon fest steht. Bei der Positionierung im Markt muss darauf geachtet werden, sich auf den Schwerpunkt des Produktes zu konzentrieren und es möglichst nur wenige Eigenschaften sind, die sich im Kopf des Kunden festsetzen sollen/müssen. Die Positionierung kann, wie bereits zuvor erwähnt, darauf aus sein, dass der Kunde nur an den Nutzen der Marke denkt, wenn er in Kontakt mit ihr ist. Es gibt aber auch die Möglichkeit die Positionierung auf emotionale Aspekte auszurichten. Diese Strategie wird bevorzugt für Konsumgüter genutzt, da diese meistens sehr ähnlich   sind von ihrem generierten Nutzen und so eine

---

[15] Siehe dafür Ries, A., Trout, J., (Die 22 unumstößlichen Gebote, 1993) Gebot 3: Dringen Sie in das Gedächtnis des Kunden ein!
[16] Vgl. Scharf, A., Schubert, B., Hehn, P., (Marketing, 2009) S. 269.
[17] Vgl. Scharf, A., Schubert, B., Hehn, P., (Marketing, 2009) S. 270.
[18] Vgl. Aaker, A. D., Joachimsthaler, E., (Brand Leadership, 2001) S. 311ff.

Differenzierung schwer ist. Wenn besondere Umstände vorliegen, kann sich ein Unternehmen auch für eine gemischte Strategie entscheiden. Dabei muss ein großes Interessen an Informationen seitens der Nachfrager bestehen und es muss die Möglichkeit der Verankerung von Emotionen mit dem Produkt gegeben sein.[19]

2.3 Bedeutung des Branding für Unternehmen und Kunden

Eine starke Marke kann für ein Unternehmen aus verschiedenen Gründen sehr wichtig und wertvoll sein. Ein starker Markenname kann sich extrem auf den Wert des Unternehmens auswirken. Dieser macht häufig den größten Unterschied zu anderen Unternehmen aus, da in manchen Branchen die Produkte sonst sehr ähnlich sind. Somit wird die Marke also zum wichtigsten Merkmal zur Differenzierung von der Konkurrenz. Allerdings ist dieser Wert nur sehr schwer exakt zu bestimmen. Des Weiteren hilft eine Marke dem Unternehmen dabei, neue Produkte auf dem Markt einzuführen, da es auf einen möglicherweise sehr treuen Kundenstamm zurückgreifen kann. Dieser ist dann auch eher bereit neue Produkte zu erwerben. [20] Diese Kunden haben dann auch eine höhere Preisbereitschaft, da sie bereits von der Marke überzeugt sind und eine gute Qualität erwarten. Durch die Ausrichtung der Marke auf bestimmte Zielgruppen gelingt es Unternehmen auch Märkte segmentiert zu bearbeiten, deren Produkte fast vollkommen austauschbar sind. Die Position einer Marke hängt dabei aber mittlerweile immer stärker davon ab, wie viele Emotionen mit der Marke verbunden sind, da die funktionalen Eigenschaften der Marken immer ähnlicher werden.[21] In Zeiten des „Information Overflow" ist es für den Kunden wichtig eine Orientierung zu haben, die ihm dabei hilft sich für ein Produkt zu entscheiden. Vor allem da sich die Produkte von ihrem gestifteten Nutzen für den Kunden kaum noch von einander abheben. Marken sind auch deshalb wichtig, da der Kunde ein gewisses Vertrauen zu ihnen hat und somit in etwa weiß, was er zu erwarten hat. Der Kunde kann sich aber auch an Marken orientieren, um zum Beispiel zu zeigen, dass er zu einer bestimmten Gruppe gehört oder das er sich ein Produkt leisten kann, dass nicht jeder besitzt. Die letzte wichtige Bedeutung von Marken für den Kunden ist die der Belohnung.

Dabei greift der Konsument zu einem Produkt, weil er z.B. durch die Werbung eine bestimmte Erwartung hat, die bei ihm eine positive emotionale Wirkung erzeugt. Hierbei kann es sich zum Beispiel um ein kühles Bier an einem warmen Tag oder um

[19] Vgl. Scharf, A., Schubert, B., Hehn, P., (Marketing, 2009) S. 275ff.
[20] Vgl. Davis, M., (Grundlagen des Brandings, 2009) S. 118ff.
[21] Vgl. Scharf, A., Schubert, B., Hehn, P., (Marketing, 2009) S. 256f.

eine Süßigkeit nach einer stressigen Situation handeln. Der Kunde wird sich dann für das Produkt entscheiden, welches ihm die passendsten Emotionen zu seiner Situation vermittelt. [22]

3 Ingredient Branding

Das Ingredient Branding oder das Branding im Produktionsgüterbereich ist im Vergleich zum Branding in der Konsumgüterindustrie wesentlich jünger und noch nicht so stark entwickelt.[23] Die Idee der Marke in der Marke lässt sich zum größten Teil auf Intel zurückführen. Diese sahen sich vor der Situation, dass ihre Computer Chips von anderen Herstellern in ähnlicher Qualität hätten hergestellt werden können und so ihre Produkte substituiert werden können. Um diesem zu entgehen entschied sich Intel für die sogenannte „Intel Inside" Kampagne, die bis heute Grundlage ihrer Werbung ist. Dabei wurde gezielt versucht den Endkunden anzusprechen, damit dieser über die in den Computer verbauten Teile bescheid weiß und seine Entscheidung davon abhängig macht, ob in dem Computer ein Intel Chip verwendet wird.[24] Dabei stellt sich die Frage, wie es einem Zulieferer gelungen ist zu einem der bekanntesten Markenartikelhersteller zu werden.

3. 1 Was ist Ingredient Branding?

Damit ein Ingredient Branding überhaupt sinnvoll ist für ein Unternehmen, muss es sich bei dem beworbenen Produkt um einen Bestandteil eines Produktionsprozesses eines weiterverarbeitenden Betriebs handeln. Das bedeutet, es muss in einem oder mehreren weiteren Wertschöpfungsschritten verwendet werden und nur ein Teil des Endproduktes sein. [25] Somit arbeiten Unternehmen, die ein solches Markenmanagement betreiben, hauptsächlich für Geschäftskunden. Dabei handelt es sich dann zum Beispiel um Unternehmen, Staatliche Einrichtungen oder auch Krankenhäuser. Somit ist es wichtiger die Zielgruppen des Unternehmens zu betrachten, um festzustellen, ob ein solches Branding sinnvoll ist. Dabei hängt der Erfolg des Branding davon ab, ob es dem Zulieferer gelingt eine vorteilhafte Situation für sich selbst, den Hersteller und den Endkunden zu schaffen.[26] Da manche Produkte sowohl an Geschäftskunden aber auch an Privatkunden verkauft werden können.[27]

---

[22] Vgl. Scharf, A., Schubert, B., Hehn, P., (Marketing, 2009) S. 254f.
[23] Vgl. Pierbattisti, S., (Die Bedeutung der Markenpolitik, 2005), S. 3.
[24] Vgl. Pförtsch, W., Müller, I., (Die Marke in der Marke, 2006), S. 44f.
[25] Vgl. Pförtsch, W., Müller, I., (Die Marke in der Marke, 2006), S. 16.
[26] Vgl. Pfoertsch, W., Kotler, P., (Ingredient Branding, 2010), S. 45f.
[27] Vgl. Scharf, A., Schubert, B., Hehn, P., (Marketing, 2009) S. 19.

Diese Endprodukthersteller sind in ihren Prozessen also stark davon abhängig, wie Ihre Zulieferer sie mit Produkten versorgen und welche Qualität diese Produkte haben.[28] Damit ein Irgedient Branding funktionieren kann, muss es sich bei dem produzierten Gut um einen essentiellen Bestandteil des Endproduktes handeln. Es muss also dem Endprodukt eine besondere Eigenschaft liefern, die es ohne dessen Verwendung nicht hätte oder nur in einer schlechteren Qualität. Produkte auf die so etwas zutrifft sind zum Beispiel Teile des Motors oder der Motor selbst. Es muss dem Hersteller aber auch einen gewissen Nutzen generieren. Der Nutzengewinn muss dabei größer ausfallen, als bei vergleichbaren Produkten. Sollte das Produkt diese Eigenschaft nicht liefern, dann kann Unternehmen nur eine B2B Marke führen, aber nicht sinnvoll direkt auf den Endkunden einwirken und dessen Entscheidung beeinflussen.[29] Der Unterschied zwischen einer B2B-Marke und einem Ingredient Branding ist dabei, dass das Erstere nur versucht auf den direkten Kunden einzuwirken, also auf den, der das hergestellte Produkt wirklich kauft. Das Ingredient Branding dagegen versucht auf alle weiteren Wertschöpfungsstufen einzuwirken und dessen Entscheidung zum Kauf von der Verwendung seines Produktes innerhalb des Endproduktes abhängig zu machen. Neben der Betrachtung des eigenen Produktes und dessen Rolle im Endprodukt ist es auch wichtig die Position des Endproduktherstellers zu betrachten, da seine Position und seine Bekanntheit stark beeinflussen, ob Marketingaktivitäten sinnvoll für das Zuliefererunternehmen sind.[30] Ein weiterer großer Unterschied zum Markenmanagement im Konsumgüterbereich ist, dass sich ein Zulieferer nicht nur auf die Nachfrage seines direkten Kunden konzentrieren, sondern auch die Endkunden beobachten muss, da deren Nachfrage nach dem Endprodukt bestimmt, wie sich die Nachfrage des Herstellers nach Teilen verhält.[31] Das größte Problem, dem sich das Ingredient Branding gegenüber sieht ist, dass beim Einkauf von Industriegütern meistens nicht nur eine Person die Entscheidung trifft, sondern eine ganze Gruppe mit entscheidet und Anforderungen an das Produkt stellt. Somit muss bei der Marketingstrategie festgelegt werden, auf welche Gruppen man eingehen möchte, da es unmöglich ist, auf alle vernünftig einzugehen.[32]

---

[28] Vgl. Pfoertsch, W., Kotler, P., (Ingredient Branding, 2010), S. 33.
[29] Vgl. Mattmüller, R., Michael, B. R., Tunder, R., (Aufbruch, 2009), S. 70ff.
[30] Vgl. Pförtsch, W., Müller, I., (Die Marke in der Marke, 2006), S. 26ff.
[31] Vgl. Kuhn, M., Zajontz, Y., (Industrielles Marketing, 2011), S. 10.
[32] Vgl. Pförtsch, W., Müller, I., (Die Marke in der Marke, 2006), S. 31f.

3.2 Gründe für ein Igredient Branding

Wie bereits zuvor erwähnt gibt es viele Besonderheiten, die beim Ingredient Branding beachtet werden müssen. In diesem Abschnitt wird behandelt, welche Probleme bzw. Situationen in der Zuliefererindustrie dazu geführt haben, dass eine solche Form des Branding betrieben wird. Der wichtigste Punkt dabei ist, dass in diesem Industriezweig ein sehr starker Wettbewerb herrscht und immer die Situation eintreten kann, dass man von den Einkäufern der Hersteller durch einen anderen Lieferanten ersetzt wird. Dabei wird versucht durch das Branding nicht nur die Position im Vergleich zum Wettbewerb zu verbessern, sondern auch eine bessere Verhandlungsposition mit dem Hersteller zu erreichen. Da dieser meistens über die größere Marktmacht verfügt und so im Normalfall seine Bedingungen durchsetzt. [33] Des Weiteren ist im Investitionsgüterbereich die Dauer der Zusammenarbeit zwischen Lieferant und Kunde viel langfristiger ausgelegt und es findet eine stärkere Abstimmung der Produkte auf die Wünsche des Kunden statt als im Konsumgüterbereich. Da häufig keine Standardprodukte geliefert werden, sondern speziell mit dem Kunden angefertigte Serien entwickelt werden. Somit ist es sehr wichtig im direkten Kontakt mit dem Hersteller zu stehen. Durch diese Zusammenarbeit bei der Entwicklung ist der Hersteller sehr stark an den Zulieferer gebunden, so lange wie er die jeweilige Serie produziert. Um den Kunden davon zu überzeugen, dass man als Zulieferer der Richtige ist, kann es sehr wichtig sein, was der Endkunde über diese denkt, somit ist es wieder entscheidend ob Branding betrieben wird oder nicht.[34]

3.3 Auswirkung des Ingredient Branding für den Zulieferer

3.3.1 Vorteile

Der Hauptgrund weshalb ein Zulieferer Ingredient Branding betreibt liegt darin, dass er dadurch eine Marke schafft, die beim Endkunden bekannt ist, obwohl sein produziertes Gut vollkommen im Prozess des Herstellers eingeht. Es gelingt ihm somit sich aus der Masse der Zulieferer herauszuheben.[35] Des Weiteren kann ein Unternehmen durch eine starke Marke die Nachfrage nach seinen Produkten steigern, da sein Produkt sowohl dem Hersteller aber auch dem Endkunden einen gesteigerten Nutzen einbringt. Diese „Win-Win-Situation" gewährt dem Zulieferer auch eine bessere Preispolitik, da er sich der Loyalität des Kunden sicher sein kann, da dieser eher gesteigerte Einkaufskosten hinnehmen wird, als die Aufwandskosten die bei der Suche und

---

[33] Vgl. Pfoertsch, W., Kotler, P., (Ingredient Branding, 2010), S. 36f.
[34] Vgl. Pförtsch, W., Müller, I., (Die Marke in der Marke, 2006), S. 28f.
[35] Vgl. Pierbattisti, S., (Die Bedeutung der Markenpolitik, 2005), S. 10.

Einarbeitung eines neuen Zulieferers in die Struktur des Unternehmens entstehen würden. [36] Durch ein gutes Markenmanagement kann, wie auch im normalen Konsumgütermarketing ein Markenwert aufgebaut werden, welcher wesentlich zum Wert des Unternehmens beiträgt. [37] Darüber hinaus lässt sich durch eine starke Marke eine Schwelle schaffen, die es neuen Unternehmen erschwert oder sogar unmöglich macht auf dem Markt aktiv zu werden. Da der Konkurrent, um sich auf dem Markt platzieren zu können, einen großen finanziellen Aufwand eingehen müsste, der auch gleichzeitig viele personelle Ressourcen binden würde. [38]

3.3.2 Nachteile

Wie bei jeder Marketingaktion ist auch das Ingredient Branding mit Kosten verbunden, die das Unternehmen erst einmal aufwenden muss, bevor es die Vorteile des Branding nutzen kann. Somit muss das Unternehmen die Kosten bzw. Aufwände eingehen, die im vorherigen Abschnitt die Konkurrenz vom Beitritt zum Markt abhalten sollten. Dabei geht das Unternehmen das Risiko ein, Geld zu investieren ohne zu wissen, ob sich dieses rentieren wird. Da es sehr schwer ist zu bestimmen, wie Marketingaktivitäten sich auf den Kunden auswirken und ob sie überhaupt zu einer Steigerung des Umsatzes beitragen. [39] Des Weiteren kann die starke Bindung zwischen Zulieferer und Hersteller auch negative Wirkungen für das Unternehmen haben, da Probleme beim Hersteller auch negativ auf den Zulieferer einwirken und so seinem Markennamen schaden können. Ein ähnlicher Effekt kann auch auftreten, wenn es zu Qualitätsmängeln bei den Produkten des Zulieferers kommt. Deshalb muss dieser auch mehr Mittel einsetzen um ein gutes Qualitätsmanagement betreiben zu können. [40] Ebenso kann ein Markenmanagement, welches einem Unternehmen eigentlich helfen sollte sich aus der Anonymität der Zulieferunternehmen hervor zu heben, dazu führen, dass es den Konkurrenten ein gutes Angriffsziel gibt um ihrem Konkurrenten zu schaden und die eigene Position zu verbessern. [41]

[36] Vgl. Pförtsch, W., Müller, I., (Die Marke in der Marke, 2006), S. 35ff.
[37] Vgl. Mattmüller, R., Michael, B. R., Tunder, R., (Aufbruch, 2009), S. 457.
[38] Vgl. Pfoertsch, W., Kotler, P., (Ingredient Branding, 2010), S. 45f.
[39] Vgl. Pförtsch, W., Müller, I., (Die Marke in der Marke, 2006), S. 36.
[40] Vgl. Pfoertsch, W., Kotler, P., (Ingredient Branding, 2010), S. 47.
[41] Vgl. Pierbattisti, S., (Die Bedeutung der Markenpolitik, 2005), S. 11.

4 Praxisbeispiele

Dieses Kapitel wird jetzt an Hand der Bosch GmbH und der Continental AG die in Kapitel 2 und 3 herausgearbeiteten Strategien und Gründe für ein Ingredient Branding praktisch belegen und aufzeigen, welche Effekte ein erfolgreiches „Bestandteilemanagement" für ein Unternehmen haben kann. Dabei wird zuerst die Situation vor dem Branding betrachtet, dann wie das Branding eingeführt wurde und falls möglich wird dann im dritten Schritt betrachtet, welche Auswirkungen dies für das Unternehmen hatte.

4.1 Bosch GmbH

Bosch ist ein Unternehmen, welches nicht nur Produkte für die Automobilindustrie herstellt, sondern auch im Konsumgüterbereich tätig ist und mit seinen technischen Geräten bei vielen Endkunden bekannt ist. Allerdings wird der größte Teil des Umsatzes des Unternehmens im Zuliefererbereich für die Kraftfahrzeugindustrie erzielt.[42] Der Umsatz für den Kraftfahrzeugtechnikbereich lag 2011 bei 30 Milliarden Euro und machte somit ca. 60% des mehr als 50 Milliarden Euro Gesamtumsatzes aus.[43] Somit sah sich das Unternehmen vor dem Problem, dass es in der Öffentlichkeit mit einem Bereich verbunden wurde, der nicht die Kernkompetenzen des Unternehmens kennzeichnete. Bosch wurde 1886 als Unternehmen im Elektrotechnik- und Automobilbereich gegründet und war dort seit jeher für Innovationen bekannt. Zum Beispiel wurde 1897 der erste Magnetzünder in einem Auto verbaut.[44] Aber auf Grund von starker Abhängigkeit von der Automobilindustrie und deren Nachfrageeinbrüchen während der Wirtschaftskrise wurde Bosch 1928 auf dem Konsumgütermarkt tätig, indem es die ersten Elektrowerkzeuge produzierte und vertrieb. Diese Sparte wurde später noch um weitere Produkte erweitert, darunter auch Kühlschränke.[45] Mit dem Aufschwung in Deutschland nach dem zweiten Weltkrieg stiegen auch der Wohlstand der Bevölkerung und die Nachfrage nach Konsumgütern rasant. Im Zuliefererbereich sah sich Bosch vor dem Problem, dass die Fahrzeuge immer weniger wartungsintensiv waren und Bosch sich stärker auf den Erstausrüstermarkt konzentrieren musste um seine Position zu erhalten. Dies schaffte das Unternehmen, indem es sich als Innovationsführer herausstellte und diese Position auch heute noch inne hat, was allerdings das Unternehmen ca. 10% des jährlichen Umsatzes für Forschung und

---

[42] Vgl. Mattmüller, R., Michael, B. R., Tunder, R., (Aufbruch, 2009), S. 186.
[43] Vgl. o.V., (Aktuelle Trends der Kraftfahrzeugtechnik), http://www.bosch-presse.de/presseforum/details.htm?txtID=5426, 19.08.2012.
[44] Vgl. Gottschalk, B., Dannenberg, J., (Markenmanagement, 2006), S. 92.
[45] Vgl. Gottschalk, B., Dannenberg, J., (Markenmanagement, 2006), S. 96.

Entwicklung kostet.[46] Seit Ende der 90iger Jahre vermarktetet Bosch seine Produkte einheitlich mit einer Kampagne. Diese hatte dabei aber nicht das Ziel den Kunden alle technischen Details nahe zu bringen, sondern sollte dem Kunden zeigen, in welchen Bereichen Bosch tätig ist und welchen Nutzen die Produkte für den Kunden erzeugen. Dabei wurden vor allem wichtige Innovationen von Bosch hervorgehoben.[47] Somit folgte Bosch der in Kapitel 2.2 beschriebenen Taktik, indem es den Kunden durch Nutzengenerierung zum Kaufen anregen wollte. Darüberhinaus baute Bosch ein weltweites Netz an Service-Stationen auf um die Marke global zu präsentieren. Der Erfolg der Marke Bosch hing dabei wesentlich mit ihrer Taktik des einheitlichen Markenmanagements und der Harmonisierung des Außenauftritts des Unternehmens zusammen. Dies wird besonders daran deutlich, dass alle Partnerbetriebe von Bosch das selbe Erscheinungsbild haben und das Bosch weltweit mit einem einheitlichen Bildlogo auftritt, welches in Verbindung mit einem Schriftzug steht, der immer der selbe ist, allerdings an die jeweilige Landessprache angepasst wird. Der Slogan „Technik fürs Leben" steht dabei einerseits für die lange Lebensdauer der Produkte und andererseits soll dieser betonen, dass die Produkte von Bosch das Leben des Kunden schützen können.[48] Somit lässt sich für das Unternehmen Bosch feststellen, dass es ganz gezielt ein einheitliches Logo nutzt, welches auf die Kernkompetenzen des Unternehmens verweist. Dies ist allerdings so einfach gehalten, dass der Kunde es leicht wieder erkennt. Darüber hinaus hat Bosch bedacht, dass der Slogan an das jeweilige Land angepasst werden muss, um erfolgreich zu sein[49]. Um beim Endkunden die nötige Präsenz im Gedächtnis aufzubauen und dort auch mit der Kernkompetenz des Unternehmens verbunden zu werden engagiert sich Bosch auf Events, die eindeutig mit der Automobilindustrie verbunden werden. Dabei versucht Bosch sich allerdings nicht nur darüber zu profilieren, dass sie als Zulieferer der größten Automobilhersteller aktiv sind, sondern verweist auch auf eine sehr hohe Qualität und Langlebigkeit ihrer Produkte. Somit betreibet Bosch kein reines Ingredient Branding, da es sowohl als Zulieferer agiert als auch als Konsumgüterproduzent. Trotz allem hat es Bosch geschafft seine Gesamtmarke sehr bekannt zu machen und darüber hinaus diese Bekanntheit sehr positiv aufzuladen.[50] Allerdings tragen die Aktivitäten im Bereich der Automobilindustrie stark dazu bei, wie Bosch wahrgenommen wird, nämlich als ein Unternehmen, welches für Qualität, Innovationen, Zuverlässigkeit und Serviceorientierung steht.[51]

---

[46] Vgl. Gottschalk, B., Dannenberg, J., (Markenmanagement, 2006), S. 97f.
[47] Vgl. Gottschalk, B., Dannenberg, J., (Markenmanagement, 2006), S. 100ff.
[48] Vgl. Gottschalk, B., Dannenberg, J., (Markenmanagement, 2006), S. 104ff.
[49] Siehe dazu Kapitel 2.2.
[50] Vgl. Mattmüller, R., Michael, B. R., Tunder, R., (Aufbruch, 2009), S. 189.
[51] Vgl. Gottschalk, B., Dannenberg, J., (Markenmanagement, 2006), S. 111ff.

4.2 Continental AG

Die Continental AG wurde 1871 gegründet. Zu Beginn produzierte das Unternehmen noch verschiedene Produkte aus Kautschuk. Erst 1898 wurde die Herstellung von Autoreifen die Hauptaufgabe des Unternehmens. Die Gründe für den Erfolg des Unternehmens damals lassen sich auf die Ausrichtung auf die Forschung und somit auf Innovationen zurückführen. Dieses wurde noch unterstützt durch eine starke Präsenz mit Niederlassungen im In- und Ausland.[52] Diese Erfolgsgeschichte konnte Continental auch sehr lange verteidigen. Erst in den 90iger Jahren geriet die Marke unter starken Wettbewerbsdruck und sah sich vor der Situation, dass das Unternehmen von einem Konkurrenten übernommen werden sollte. Diese Übernahme konnte zwar verhindert werden, kostete aber so viele Mittel, dass die Position als DAX Unternehmen verloren ging.[53] Um sich wieder an die Spitze zu arbeiten musste Continental sich international aufstellen und sich stark auf seine Innovationskraft konzentrieren. Allerdings hatte auch die Markenführung einen Anteil an der Rückkehr von Continental an die Spitze. Dabei konzentrierte sich das Unternehmen, bei der Darstellung vor dem Endkunden, darauf hervorzuheben, dass die Produkte für eine sehr hohe Sicherheit stehen aber auch gleichzeitig einen guten Komfort liefern. Im Bereich der Industrie stellt sich Continental als Zulieferer dar, der über ein fundiertes Wissen im gesamten Fahrwerkstechnikbereich verfügt. Dies wird noch mit einer starken Zuverlässigkeit und Leistungsbereitschaft verstärkt. Continental nutzt dabei übergreifend den Slogan „German Engineering", da dieses weltweit mit technischem Verständnis und deutschen Eigenschaften verbunden wird. Durch diese Maßnahmen schaffte es das Unternehmen wieder an die Spitze der Zulieferer und sogar zwischenzeitlich wieder in den DAX als erstes Unternehmen überhaupt.[54] Aktuell erwirtschaftet das Unternehmen ca. 30 Mrd. Euro an 269 Standorten in 46 Ländern.[55] Continental hat es somit geschafft ein Markenmanagement sowohl für den B2B als auch für den B2C Bereich aufzubauen, welches sehr erfolgreich für das Unternehmen ist.[56] Für die Zukunft muss das Unternehmen einen Wandel der Wahrnehmung der Endkunden erreichen, da diese es aktuell hauptsächlich mit dem Reifensegment verbinden und noch nicht mit Technologiesegment des Unternehmens, welches immer mehr an Bedeutung gewinnt. Darüberhinaus will das Unternehmen die Bekanntheit ihrer Marke weiter steigern, indem es dem Endkunden den Nutzen ihrer Produkte aufzeigt aber auch indem es seine Marke mit Emotionen verbindet, die den Endkunden

---

[52] Vgl. Gottschalk, B., Dannenberg, J., (Markenmanagement, 2006), S. 120.
[53] Vgl. Gottschalk, B., Dannenberg, J., (Markenmanagement, 2006), S. 116.
[54] Vgl. Gottschalk, B., Dannenberg, J., (Markenmanagement, 2006), S. 117f.
[55] Vgl. o.V., (Continental AG),
http://www.access.de/karriere/unternehmensprofil/1704/unternehmensdaten, 20.08.2012.
[56] Vgl. Vgl. Mattmüller, R., Michael, B. R., Tunder, R., (Aufbruch, 2009), S. 188.

zum Kaufen anregen soll.[57] Zusammenfassend lässt sich sagen, dass Continental bei den Markenführungen versucht seinen beiden Kundengruppen den Nutzen zu vermitteln, der mit den Produkten des Unternehmens einhergeht. Aber es wird auch versucht die Marke mit Emotionen zu verbinden, was eine deutliche Verbesserung der Positionierung wäre.[58]

5 Schlussbemerkung

Abschließend lässt sich sagen, dass einige Zulieferunternehmen bereits erkannt haben, wie wichtig eine Markenführung für sie sein kann. Allerdings befindet sich dieser Bereich noch im Wachstum und noch nicht alle Unternehmen haben die Bedeutung einer Markenführung im Industriegüterbereich erkannt. Da mittlerweile die technischen Daten der Fahrzeuge sich kaum noch Unterscheiden und der Kunde somit über andere Anreize davon überzeugt werden muss sich für ein bestimmtes Produkt zu entscheiden, wird die es immer wichtiger werden ein Ingredient Branding zu betrieben. Dabei muss aber auch gesagt werden, dass es fast unmöglich für Zulieferer im Automobilbereich ist genau so erfolgreich mit ihrem Branding zu sein wie Intel. Dies hängt damit zusammen, dass Intel ein Produkt herstellt, welches maßgeblich für die Leistung des Endproduktes verantwortlich ist. Solch eine Position, selbst wenn sie ein Zwischenprodukt haben könnte, würde von den Automobilherstellern verhindert werden, da diese ihre eigene Marke profilieren wollen.[59]

Laut einer Studie der PricewaterhouseCoopers AG kann der Wert einer Marke bis zu 66% des gesamten Unternehmenswertes ausmachen. Dabei wird davon ausgegangen, dass dieser Wert in den kommenden Jahren noch weiter steigen wird.[60]

---

[57] Vgl. Gottschalk, B., Dannenberg, J., (Markenmanagement, 2006), S. 118 und S. 130.
[58] Siehe Kapitel 2.2.
[59] Vgl. Gottschalk, B., Dannenberg, J., (Markenmanagement, 2006), S. 212.
[60] Vgl. PricewaterhouseCoopers AG, (Markenwert),
http://www.marketing.ch/newsletter/studiemarkenwert.pdf, 20.08.2012.

6 Literaturverzeichnis

Kotler, P., Pfoertsch, W., (Ingredient Branding 2010) Ingredient Branding Making the Invisible Visible, 1. Auflage, Berlin 2010.

Scharf, A., Schubert, B., Hehn, P., (Markting 2009) Marketing Einführung in Theorie und Praxis, 4. überarbeitete und erweitere Auflage, Stuttgart 2009.

Aaker, A. D., (Strategisches Markt-Management 1989) Strategisches Markt-Management: Wettbewerbsvorteile erkennen; Märkte erschließen; Strategien entwickeln, 1. deutsche Auflage, Wiesbaden 1989.

Gottschalk, B., Dannenberg, J., (Markenmanagement 2006) Markenmanagement in der Automobil-Zulieferindustrie. Vom Lieferanten zum Entwicklungs- und Wertschöpfungspartner, 1. Auflage, Wiesbaden 2006.

Aaker, A. D., Joachimsthaler, E., (Brand Leadership 2001) Brand Leadership Die Strategie für Siegermarken, 1. deutsche Auflage, München 2001.

Pförtsch, W., Müller, I., (Die Marke in der Marke 2006) Die Marke in der Marke Bedeutung und Macht des Ingredient Branding, 1. Auflage, Heidelberg 2006.

Herbst, D., (Der Mensch als Marke 2011) Der Mensch als Marke Konzept – Beispiele – Experteninterviews, 2., ungekürzte Auflage, Göttingen 2011.

Hübscher, R., (Marketing Eine Einführung), Marketing Eine Einführung Marketing als Geisteshaltung und Managementaufgabe, http://www.abc-marketingpraxis.ch/files/upload/pdf_fachpersonen/Script_Marketing_Modul_1.pdf, 17.06.2012.

Kuhn, M., Zajontz, Y., (Industrielles Marketing 2011) Industrielles Marketing, 1. Auflage, München 2011.

Davis, M., (Grundlagen des Brandings 2009) Grundlagen des Brandings, 1. Auflage, München 2009.

Pierbattisti, S., (Die Bedeutung der Markenpolitik 2005) Die Bedeutung der Markenpolitik für die Zulieferindustrie in der Automobilbranche für den Einstieg in Geschäftsbeziehungen, 1. Auflage, München 2005.

Ries, A., Trout, J., (Die 22 unumstößlichen Gebote 1993) Die 22 unumstößlichen Gebote im Marketing, 1. Auflage, Wien 1993.

o.V., (Aktuell Trends in der Kraftfahrzeugtechnik), Aktuell Trends in der Kraftfahrzeugtechnik Bosch Produkte für etablierte und aufstrebende Märkte, http://www.bosch-presse.de/presseforum/details.htm?txtID=5426, 19.08.2012.

o.V., (Continental AG), Continental AG Unternehmensdaten, http://www.access.de/karriere/unternehmensprofil/1704/unternehmensdaten, 20.08.2012.

PricewaterhouseCoopers AG, (Markenwert), Markenwert wird zunehmend als Unternehmenswert anerkannt, http://www.marketing.ch/newsletter/studiemarkenwert.pdf, 20.08.2012.